NOTICE
SUR
LA MAISON
DE
BÉTHUNE-HESDIGNEUL
DES ANCIENS COMTES SOUVERAINS
DE
FLANDRE ET D'ARTOIS.

PUBLIÉE DANS LE TOME III

DES

ARCHIVES DE LA FRANCE CONTEMPORAINE

FONDÉES PAR

M. AMÉDÉE BOUDIN.

PARIS
AU BUREAU CENTRAL DE L'ADMINISTRATION,
RUE DE TRÉVISE, N° 3.

1844.

LA MAISON

DE

BÉTHUNE-HESDIGNEUL.

—

LA MAISON DE BÉTHUNE.

—

La généalogie que nous allons tracer est, à coup sûr, l'une des plus curieuses, des plus brillantes et en même temps des plus authentiques qu'il y ait. Elle s'appuie sur des documents irrécusables, sur des preuves incontestées. *André du Chesne*, historiographe du roi, fait descendre la maison de BÉTHUNE des anciens comtes souverains de la province d'Artois, qui régnaient dans le neuvième siècle, et cette origine est la plus accréditée, la plus généralement reçue. Nous allons donc dérouler les neuf siècles de noblesse et de vertus qui illustrent cette famille; et nous le ferons le plus succinctement possible, pour ne pas sortir des limites ordinaires de notre cadre; car, dans toute autre circonstance, ce serait la matière d'un volume tout entier.

BRANCHE
DES
PRINCES DE BÉTHUNE,
MARQUIS D'HESDIGNEUL, etc.

Premier degré.

Robert, premier du nom, surnommé Faisseux, seigneur de Béthune, de Richebourg et de Carency est né vers l'an 970, a succédé, vers l'an 988, à son père, — lequel est issu d'Adalelme, dernier des anciens comtes héréditaires et souverains d'Artois, dont on ignore le nom propre, — dans la seigneurie de Béthune, et l'*Advouerie* d'Arras, et mourut en 1037.

Robert II, fils du précédent, continua la branche aînée, dont sont issues les branches des ducs de Sully et de Charost, éteintes aujourd'hui.

Deuxième degré.

Bauduin de Béthune, premier seigneur de Carency, et fils cadet de Robert Ier, est la tige de la branche de Carency.

Troisième degré.

Elbert de Béthune, premier du nom, chevalier, seigneur de Carency et d'Ablain, est le fils aîné du précédent. Il donna beaucoup de biens à l'abbaye du Mont-Saint-Eloi, près d'Arras.

Quatrième degré.

Sicher de Béthune, chevalier, seigneur de Carency et d'Ablain, fils aîné d'Elbert de Béthune, fit également et conjointement avec Berthe, sa femme, plusieurs donations à l'abbaye du Mont-Saint-Eloi. Il vivait encore en l'année 1140.

Cinquième degré.

Elbert de Béthune, deuxième du nom, chevalier, seigneur de Carency, fils aîné du précédent, fut le dernier qui quitta entièrement le nom de Béthune; et depuis 1155, il prit le nom d'Elbert de Carency, suivant l'usage ordinaire alors de ne porter que le nom de sa terre. Il fonda la vingt-unième prébende de la collégiale de Saint-Barthélemy, à Béthune.

Enfants d'Elbert II.

1° Elbert III, seigneur de Carency, continua la branche des seigneurs de Carency, qui s'est éteinte dans la maison de Cajeu, au commencement du quinzième siècle.

2° Bauduin de Carency, qui porta le premier le nom de Desplancques, a été, suivant Du Chesne, chanoine de Saint-Barthélemy, à Béthune.

3° Guillaume de Carency a été ecclésiastique et seigneur du fief d'Espréaux, qu'il a donné, au mois d'avril 1227, à Hugues, deuxième du nom, son neveu, fils aîné de Hugues Ier, son frère, à la charge par lui de payer, chaque année, aux pauvres du village de Hersin, deux muids de blé, afin qu'ils prient pour le repos des ames du père de lui Guillaume, et d'Adelyse, sa mère, ladite rente rachetable moyennant dix livres parisis une fois payées.

Depuis 1227, en effet, ce même fief a constamment appartenu aux seigneurs du nom de Desplancques, ainsi qu'on le verra à chaque génération. Une possession de 550 ans et plus suffirait seule pour prouver leur origine de la maison de Carency, et par conséquent de celle de Béthune.

4° Robert, dit Gualon de Carency, eut en

partage la terre de Montbernanchon, située près de Béthune, dont sa postérité prit le nom. Cette branche a porté pour brisure *un lion d'azur*.

5° Amaury de Carency paraît dans plusieurs titres; mais on ignore s'il prit alliance.

Sixième degré.

Hugues de Carency, premier du nom, chevalier, seigneur Desplancques, est le dernier des six enfants d'Elbert II, seigneur de Carency. Il épousa Marie de Saveuse, ainsi que le prouve une donation en date du mois d'août 1203, faite à ladite dame par son frère Philippe, seigneur de Saveuse, d'une maison située à Béthune, rue des Grands-Becqueraux, pour compléter sa légitime.

La maison de Saveuse, l'une des plus anciennes et des plus illustres de Picardie, où est située la terre de ce nom, s'éteignit en 1724, dans la maison de Montmorency-Loigny. Elle avait pour armes : *de gueules à la bande d'or, accompagnées de six billetes de même en orle.*

Hugues de Carency, premier du nom, mourut avant le mois d'avril 1229. Marie de Saveuse, sa femme, vivait encore en mai 1242.

Dans un titre de cette date, où elle se qualifie veuve de *Monseigneur Hues* de Carency, chevalier, elle donne à Jean, son troisième fils, pour compléter son partage, les bois, terres et seigneuries Desplancques, et tout ce qui en dépend, et ce, du consentement de Hugues et Gille, ses fils. Au bas de ce titre pend un scel qui représente *cette dame tenant de la main droite un écusson aux armes de Béthune, et de la gauche un autre écusson aux armes de Saveuse*, et pour contre-scel *on voit un écusson parti de Béthune et de Saveuse*.

Enfants de Hugues Ier.

1° Hugues, deuxième du nom, fut, ainsi que nous l'avons dit plus haut, seigneur d'Espréaux (1), par la donation que lui en fit, en 1227, Guillaume de Carency, son oncle.

2° Gille Desplancques, ainsi appelé par Marie de Saveuse, sa mère, dans les titres de 1229 et 1242, ci-dessus mentionnés.

3° Bauduin Desplancques donna à l'abbaye de Saint-Bertin, à Saint-Omer, un droit de

---

(1) La terre d'Espréaux, située au village de Hersin, près la ville de Béthune (*Pas-de-Calais*), fait, en cette année 1844, partie des propriétés du marquis Albert de Béthune.

dîme qu'il possédait au village d'Annezin. Il mourut avant 1242 et sans postérité ; mais il laissa un fils naturel, nommé Pierre, bâtard de CARENCY.

Septième degré.

JEAN DE CARENCY, premier du nom, chevalier, seigneur DESPLANCQUES et d'ESPRÉAUX, est le quatrième et dernier fils de HUGUES, premier du nom. JEAN Ier ne porta, ainsi que sa postérité, que le nom de la seigneurie Desplancques. Une ancienne tradition et des mémoires de famille font connaître qu'il épousa une fille du seigneur d'OLLEHAIN, ancienne maison d'Artois, connue dès l'an 1128, et qu'on dit sortie des anciens comtes de Boulogne. Les armes de la maison d'OLLEHAIN sont : *d'argent à trois bezants de gueules.*

Enfants de Jean Ier.

1° JEAN, deuxième du nom, seigneur DESPLANCQUES, dont l'article va suivre.

2° Michel DESPLANCQUES, chevalier, qui eut en partage le fief d'ESPRÉAUX, dont il est qualifié sire dans une sentence arbitrale sur un procès qu'il eut avec JEAN, sire de MONTBERnanchon, son cousin, rendue au mois de juillet 1273.

3° Elbert Desplancques, dont on ne sait rien.

4° Marie Desplancques épousa Robert, seigneur de Houchin, chevalier, qui avait pour armes : *d'argent à trois lozanges de sable.*

5° Elisabeth Desplancques épousa Guillaume de Saint-Omer, chevalier, seigneur de Peene, qui avait pour armes : *d'azur à la face d'or, accompagnée de six billetes de même, 3 en chef et 3 en pointe.*

6° Jeanne Desplancques était en 1313 religieuse à l'abbaye noble de Messine, près Ypres, en Flandre.

Huitième degré.

Jean, deuxième du nom, seigneur Desplancques, succéda à son père en 1267. Il mourut jeune et avait épousé Isabelle de Ranchicourt, d'une très ancienne maison originaire d'Artois, dont Wattier, seigneur de Ranchicourt, était un des chevaliers du tournoi d'Anchin, en l'an 1096. Cette maison portait : *d'argent au chevron de gueules, accompagné de 3 tourteaux de même.*

Jean II eut trois enfants : 1° Roger, seigneur Desplancques et d'Espréaux, qui vendit, à ce qu'il paraît, la seigneurie Desplancques, car depuis lui, personne de sa famille ne l'a possédée; 2° Hugues Desplancques III; 3° et Agnès Desplancques, alliée à Jean Ier, sire de Monchy et de Mortagne, qui eut pour armes : *de gueules à 3 maillets d'or.*

Neuvième degré.

Hugues Desplancques, troisième du nom, chevalier, seigneur d'Espréaux, Wendin, eut d'abord en partage la terre de Wendin, dont Roger, son père, lui confirma la possession par lettres de 1294, moyennant la rente viagère de 20 livres. Ledit Hugues créa, au profit de Jacques Dupire, par lettres de 1299, une rente de 5 livres parisis, qu'il hypothéqua sur la terre de Wendin, du consentement de Jeanne, sa femme; au bas de ce titre pend son scel aux armes de Béthune, brisées d'un lambel, comme cadet de Roger Desplancques. Hugues III avait épousé Jeanne de Noyelles, fille du seigneur de Noyelles-Wion, en Artois, famille très illustre et très ancienne, éteinte depuis longtemps, et issue d'un cadet de la maison de

Beauffort. La maison de Noyelles-Wion portait : *de gueules à 3 jumelles d'argent.*

Hugues III eut huit enfants.

Dixième degré.

Hugues Desplancques, quatrième du nom, dit Tristan, seigneur d'Espréaux, Wendin, fils aîné de Hugues III et de Jeanne de Noyelles, portait les armes de Béthune au franc quartier de Saveuse. Il avait épousé Isabelle de Boubers, dont la famille portait : *d'argent à 3 écussons de gueules.* Hugues IV fut surnommé Tristan sur la fin de sa vie, sans doute à cause de la douleur que lui causa la mort de sa femme.

Hugues IV eut six enfants.

Onzième degré.

Jean Desplancques, troisième du nom, chevalier, seigneur d'Espréaux, Wendin, Berlette, est le fils aîné de Tristan.

On ignore la date de la mort de Jean Desplancques III ; on voit seulement qu'*il fut un noble et puissant chevalier,* selon les termes exprimés dans une sentence de maintenue de noblesse, rendue par l'élection d'Artois en 1461, en faveur d'un de ses arrière-petits-fils. Ladite sentence ajoute : qu'*il portoit nobles armes comme avoient fait ses prédécesseurs, à sçavoir un escu d'argent à une faische de gueules, et le cry estoit* BÉTHUNE, *ce démonstrant qu'il estoit extraict anchiennement des advoués et autres seigneurs de* BÉTHUNE, *qui fut une des grandes et anchiennes seigneuries de la comté d'Artois.*

Jean Desplancques III eut deux enfants.

Douzième degré.

JEAN DESPLANCQUES, quatrième du nom, écuyer, seigneur d'ESPRÉAUX, WENDIN, eut de son père toute la terre et seigneurie d'Espréaux, avec ses appendances et dépendances. Il épousa SIMONE de HESDIGNEUL le 29 mars 1388, laquelle était la dernière de son nom et fille unique de JEAN, seigneur dudit lieu, écuyer, qui portait : *d'or au canton de gueules, chargé d'une rose d'argent.* La terre d'Hesdigneul est un village avec titre de pairie et relevant du château de Béthune.

Jean Desplancques IV eut cinq enfants.

Treizième degré.

BAUDUIN DESPLANCQUES, écuyer, seigneur d'HESDIGNEUL, ESPRÉAUX, fils aîné du précédent, embrassa la carrière des armes, servit sous la bannière du seigneur de NOYELLES-LE-BLANC, son parent, et fut fait prisonnier à la bataille d'Azincourt, à l'âge de seize ans. Il se maria deux fois, eut neuf enfants, et mourut en 1465.

Quatorzième degré.

JEAN DESPLANCQUES, cinquième du nom, écuyer, seigneur d'ESPRÉAUX, est le second fils de BAUDUIN qui précède. Il épousa, le 24 novembre 1473, Jeanne Du Bois ou Du Bos, fille unique de Pierre, écuyer, seigneur d'AVELETTE, et de JEANNE DE FRANCE. Cette famille de DU BOIS descendait en ligne masculine et directe de la maison de FIENNES, dont un cadet, après avoir épousé l'héritière de DU BOIS, de la maison de LUXEMBOURG, prit, ainsi que toute sa postérité, le nom de cette terre. La maison de Fiennes avait pour armes : *Écartelé aux 1 et 4 d'argent, au lion de sable, armé et lampassé de gueules, qui est* FIENNES, *aux 2 et 3 contr'écartelé d'or et de sable, qui est* LENS.

Jean Desplancques V eut six enfants mâles et, dit-on, quatre filles qui furent religieuses, mais dont on n'a nulle connaissance.

Quinzième degré.

Michel Desplancques, écuyer, seigneur d'Hesdigneul, Espréaux, Ysel-lez-Avesnes-le-Comte, est le troisième fils de Jean Desplancques V. Il fut membre de l'état-noble d'Artois, lieutenant-gouverneur des ville et château de Béthune. Il épousa à Montreuil-sur-mer, par contrat du 20 juillet 1529, Antoinette de Bours, d'une ancienne maison de Picardie, qui portait : *Ecartelé aux 1 et 4 d'argent, à la croix ancrée de gueules, aux 2 et 3 d'argent, à 10 croissants de gueules posés* 3. 2. 3. 2.
Il mourut vers l'an 1550.

Michel Desplancques eut six enfants.

Seizième degré.

Pierre Desplancques, écuyer, seigneur d'Hesdigneul, Espréaux, Ysel-lez-Avesnes, Baraffle, Estrée-Cauchie, Calonne-sur-la-Lys, Berlette, Cayeulx, Tincques, Tincquettes, est le fils aîné de Michel Desplancques, qui précède.

Dès qu'il fut en âge de porter les armes, il entra au service de l'Empereur Charles-Quint et de son fils Philippe II, roi d'Espagne, alors souverain de l'Artois. Il assista au sac de Thérouanne en 1553, aux batailles de Renty en 1554 et de St-Quentin en 1557, et se distingua par sa valeur, pendant tout le cours de la guerre, que termina la paix du Cateau-Cambresis, signée le 3 avril 1559. Il épousa Jacqueline LE HYBERT, née à Lillers le 20 mai 1541, dont la famille portait : *d'argent à trois poissons de sable l'un sur l'autre.*

Il eut neuf enfants, dont quatre filles.

Marie D'ESPLANCQUES, l'une d'elles, fut alliée, par contrat passé au château d'Hesdigneul, le 23 août 1590, à FLORENT DE CORNAILLES, écuyer, seigneur de la BUCAILLE, NOYELLES, des Wattrets, prévost héréditaire de Couchy, homme d'armes des ordonnances du Roi, lieutenant-gouverneur de la ville de St-Omer, d'une noblesse ancienne, originaire de Picardie, mais établie depuis environ l'an 1500 en Artois, où elle s'éteignit au dix-huitième siècle. Cette famille de Cornailles portait pour armes : *d'argent à la fleur de lys au pied coupé de gueules, dans un orle de neuf merlettes de sinople.*

Dix-septième degré.

Jean de Béthune dit Desplancques, sixième du nom, chevalier, seigneur d'Hesdigneul, Espréaux, Ysel-lez-Avesnes, Estrée-Cauchie, Tencques, Tencquettes, capitaine ou chef d'une compagnie d'hommes d'armes, membre de l'État-noble d'Artois, est le second fils de Pierre Desplancques. A l'exemple de ses ancêtres, il prit le parti des armes et servit dans la compagnie Colonelle d'Alexandre Farnèse, duc de Parme, gouverneur général des Pays-Bas, et généralissime des armées de Philippe II, roi d'Espagne; du grade d'enseigne dans cette compagnie, il passa à celui de capitaine en chef. Il accompagna le duc de Parme dans toutes ses campagnes glorieuses, tant aux Pays-Bas, qu'en France, notamment au siège et à la prise d'Anvers en 1584, au siège et à la prise de Nuys en 1586, et au siège de Bergues-op-Zoom en 1588. En 1592, Jean Desplancques se distingua à la bataille d'Aumale, où Henri IV fut blessé, et qui fut suivie de la prise de Neufchâtel et de la levée du siège de Rouen. Il assista encore au siège et à la prise de Caudebec. Après la mort du duc de Parme, il rentra dans ses foyers et épousa, le 23 mars 1593, Françoise de Fléchin, dame de Reclinghem, Baisieux, l'Epinoy, Hem, Diderie, Ramiche, Boncourt, dont la famille portait : *facé or et sable de six pièces.*

En 1595, la France déclara la guerre à l'Espagne, et Jean Desplancques VI rejoignant l'armée espagnole, assista à la prise de Cambray, qui eut lieu la même année, et à celle de Calais et d'Ardres en 1596.

A cette époque, il renonça définitivement à la carrière militaire, et fut créé chevalier par l'archiduc Albert, pour ses bons et loyaux serces, par lettres données à Bruxelles le 5 mars 1614, enregistrées à l'élection d'Artois. Après la mort de son père, arrivée en 1616, il rendit foi et hommage du fief et pairie d'Hesdigneul, le 4 février 1617, et fit son testament, conjointement avec Françoise Fléchin, sa femme, le 3 janvier 1631. Il mourut le 18 janvier 1636, quatre ans après sa femme, décédée le 27 septembre 1632; et ils furent enterrés tous deux dans le chœur de l'église d'Hesdigneul, où on lit encore sur une grande pierre bleue, l'épitaphe que nous reproduisons avec l'orthographe originale, en laissant en blanc la place des mots effacés par la vétusté :

« *Cy gist le corps de hault et puissant.......* M*re* *Jan de Bethune dict Desplancques vivant cher.*

Sgr. de Hesdignœul, Tencques, Tencquette, D'Es-préaux, Ysel-les-Avesnes, Estrée-Cauchie, etc., qui en son temps fit plusieurs exploicts de guerre tant aux sièges de Bergues-Soom, que Nimegues et secours de Paris, prises et assault de Ligny, et Corbeil, y commandant, en qualité de capitaine en chef, la compaignie Colonelle du duc de Parme, secour de.........ville de Rouen, siége, prise et assault de Rue, ville et chât: de Dourlens Calais et Ardres............Il vint finir ses jours en ce lieu le 18 de janvier 1636 aiant fondé en ceste église avec Madame franchoye de fléchin, son epouse, dame de Reclinghem, de Basieux, L'Epinoy............lieu le 27 de 7bre 1632 chincq messe par chalque semaine à Wigilles, et...... intentions particulièrement énoncés dans leurs testaments. »

Sur la fin de sa vie, Jean DESPLANCQUES avait repris le nom de BÉTHUNE, pour se distinguer apparemment d'une autre famille de DESPLANCQUES, domiciliée à Bapeaume, qui n'avait rien de commun avec lui. Ce fut son fils qui rechercha les titres à l'appui de son origine et garda, dans tous ses actes, le nom primitif de sa maison.

Jean de Béthune, dit Desplancques VI, eut

neuf enfants, qui portèrent tous le nom de Béthune.

Dix-huitième degré.

Jean de BÉTHUNE, dit DESPLANCQUES septième du nom, chevalier, seigneur D'HESDIGNEUL, ESPRÉAUX, TENCQUES, TENCQUETTES, ESTRÉE-CAUCHIE, YSEL-LEZ-AVESNES-LE-COMTE, RECLINGHEM, L'EPINOY, COCQUERIAMONT, LOUVENCOURT, FILLESCAMPS, SOISON, HEM, RAMICHE, MALBREUCQUE, BONCOURT, ST-JEAN, — membre de l'État-noble d'Artois, lieutenant-capitaine commandant d'une compagnie d'hommes d'armes au service du roi d'Espagne, est le fils aîné du précédent.

Il fit ses premières armes, en qualité de guidon, dans la compagnie d'hommes d'armes, de Philippe de Lalaing, comte d'Hoogstreten, chevalier de l'Ordre de la Toison-d'Or et gouverneur du duché de Gueldres. Il fut créé chevalier par Philippe III, roi d'Espagne, en considération de sa naissance, de ses services personnels et de ceux de ses ancêtres, par lettres données à Madrid le 26 mars 1632.

Le 20 janvier 1635, il fut nommé, par commission, lieutenant de la compagnie d'hommes d'armes de François-Philippe de Montmorency, prince de Robecque. Il se maria deux fois et épousa en secondes noces Marie de Cottrel, dame de la Mairie-en-Deullemont, dont la maison portait : *de gueules, semées de fers de lances émoussées d'argent.*

Jean de Béthune fit sa principale résidence au château de Tencques qui fut la proie des flammes au dix-septième siècle. Il y mourut le 17 janvier 1660, et fut inhumé le 20 dans le chœur de l'église d'Hesdigneul.

Il eut trois enfants.

Dix-neuvième degré.

Charles-Jacques-François de Béthune, dit Desplancques, *marquis d'Hesdigneul, seigneur d'Espréaux, Tencques, Tencquettes, Reclinghem, Estrée-Cauchie, Ysel-lez-Avesnes-le-Comte ;* membre de l'État noble d'Artois, premier capitaine au régiment Royal-Wallon, cavalerie, est le fils aîné du précédent. Il naquit au château de Tencques, près de Saint-Pol-en-Artois, le 10 décembre 1646. Orphelin de bonne heure, il épousa Anne-Marie-Marguerite-Françoise-Josèphe de Noyelles-Marle, dame de l'Espesse, Le Befvre, Lewal, Le Maraix, Cracin, dont la famille portait : *aux 1 et 4 écartelé d'or et de gueules, qui est* Noyelles-sous-Lens, *aux 2 et 3 d'or, à 3 maillets de sinople, qui est* Mailly.

Quand il eut atteint sa majorité, Charles de Béthune régla avec sa sœur, épouse du baron d'Yve-d'Ostiche, le partage des biens de ses père et mère. Ensuite, il prit du service et reçut de Louis XIV, la commission de premier capitaine de chevau-légers dans le régiment de Royal-Wallon, que ce prince venait de créer. Cette commission est datée de Saint-Germain-en-Laye, le 27 février 1673. Il rejoignit son régiment, qui faisait partie de l'armée d'Alsace, aux ordres du maréchal de Turenne. Mais arrivé à Colmar, il tomba malade et mourut le 22 septembre 1673, à l'âge de 27 ans. Il fut enterré avec grande pompe dans l'église des Dominicains de ladite ville, devant l'Autel de la Vierge. — Il est le premier de sa branche.

Charles de Béthune eut trois enfants, dont une fille, qui épousa, le 14 mai 1691, Maximilien-François de Carnin, alors baron, ensuite marquis de Lillers et de Nedonchel, seigneur de Ligny, Guernes, Gomecourt, Guarbecq, Burbure, Tantinclan, Tirremande, Fasques, etc...

La maison de Carnin avait pour armes : *De gueules à trois têtes de léopards d'or.*

Vingtième degré.

EUGÈNE-FRANÇOIS, MARQUIS DE BÉTHUNE ET D'HESDIGNEUL, *comte de Noyelles-sous-Lens, seigneur d'Espréaux, Tencques, Tencquettes, Reclinghem, Isel-lez-Avesnes-le-comte, Estrée-Cauchie, l'Espesse, Le Befvre, Lewal, Le Callois, Lamery;* — député général ordinaire et en Cour de la noblesse des États d'Artois, — est le fils de Charles de Béthune, qui précède.

Eugène-François de BÉTHUNE naquit et fut baptisé à Hesdigneul le 11 novembre 1671. Il épousa, avec dispense du pape Alexandre VIII, sa cousine germaine maternelle Camille-Marie-GUISLAINE, comtesse de PIETRA-SANTA, héritière et de grande naissance, et dont la famille avait pour armoiries : *d'azur à trois pilastres d'or posés de front, celui du milieu surmonté d'une hostie, les deux autres soutenant une arcade d'or, au chef d'or, à un aigle de sable couronné d'or.*

Le marquis Eugène-François de Béthune fixa son domicile en la ville de Saint-Omer, où il hérita, après la mort de sa belle-mère, arrivée le 24 juin 1696, de l'hôtel de Pietra-Santa.

Il fut député en cour, pour la première fois, par la noblesse des États d'Artois, en 1699;— pour la seconde fois en 1715, et pour la troisième fois en 1725. Il fut encore député général et ordinaire de son corps pendant les années 1712, 1713 et 1714, et eut, en différents temps, beaucoup de commissions particulières. Il signala toute son administration par sa fermeté, son désintéressement, un grand amour pour la justice, un grand zèle pour les intérêts de sa province, un jugement sûr et éclairé. Il rebâtit le château d'Hesdigneul en entier.

Il eut six enfants et mourut à Saint-Omer le 23 décembre 1761, dans sa quatre-vingt-onzième année.

Vingt-unième degré.

Joseph-Maximilien-Guislain marquis de Béthune et d'Hesdigneul, *comte de Noyelles-sous-Lens, vicomte de Nielles-lez-Boulonnois, seigneur d'Espréaux, Tencques, Tencquettes, Isel-lez-Avesnes-le-Comte, l'Espesse, le Befvre, la Cliqueterie, Bailleulval, la Cauchie, l'Espiez;* — gouverneur des ville et château de Marle en Thiérache, membre de l'Etat-noble d'Artois, — est le fils aîné de celui qui précède. Il naquit le 3 août 1705. Après avoir fait ses études au collège des Jésuites à Arras, et son académie à Paris, il entra au service, et obtint une commission de capitaine réformé à la suite du régiment de Béthune, cavalerie, donnée à Versailles, en date du 28 avril 1723. Il obtint peu après l'agrément du roi pour un guidon de gendarmerie ; mais sa santé ne lui permit pas d'en profiter, et il quitta la carrière militaire. Alors, il voyagea et cultiva les belles-lettres. Le 18 septembre 1745, il épousa Jeanne-Louise de Guernonval-d'Esquelbecq, dame de Havau, Flechinel, etc., dont la maison originaire d'Artois et très ancienne portait : *Ecartelé aux 1 et 4 d'argent, au chevron accompagné de 3 gerbes, le tout d'or, qui est* Lequieu. *Aux 2 et 3 d'argent à l'aigle éployé de sable becqué et membré de gueules, qui est* Eps.

Le marquis Joseph de Béthune, se trouvant veuf, épousa en secondes noces, le 29 mars 1748, Madeleine de Fay-d'Athies, comtesse de Cilly, dame de la Neuville, Maucreux, Rary, Chery, Aoust, Lonny, Don, Cliron, dont la famille avait pour armes : *d'argent semé de fleurs de lys de sable sans nombre.*

Par provision du 10 mars 1750, enregistré le 26 dudit mois à la Chambre des Comptes, le roi accorda au marquis Joseph de Béthune le gouvernement des ville et château de Marle en Thiérache, vacant par la démission volontaire du comte de Cilly, son beau-père, et le 20 avril suivant, il prêta serment en cette qualité entre les mains du sieur d'Aguesseau, chancelier de France.

Il mourut en son château de La Neuville-Bosmont, le 5 avril 1789, jour du dimanche des Rameaux, à l'âge de 84 ans.

Joseph de Béthune eut de sa première femme :

1° Eugène-François-Léon, prince DE BÉTHUNE, marquis D'HESDIGNEUL, comte DE NOYELLES, etc., dont l'article va suivre :

Et de sa seconde femme :

2° André-Maximilien-Guislain, baron DE BÉTHUNE, né à Arras le 9 avril 1749. Il épousa Alexandrine-Elisabeth-Marie-Charlotte LE VAVASSEUR, fille unique de Charles-Nicolas LE VAVASSEUR, écuyer, seigneur DE VILLIEZ, qui a pour armes : *d'or au chevron de gueules, accompagné de trois étoiles d'azur, écartelé d'azur à trois abeilles d'or qui est* BARBERIN.

Le contrat de mariage fut signé à Versailles, par le *Roi*, la *Reine*, *Monsieur*, comte de Provence, frère du roi, *Madame*, comtesse de

Provence, *Monseigneur*, comte d'Artois, frère du roi, *Madame*, comtesse d'Artois, madame *Elisabeth*, sœur du roi, Mesdames *Adélaïde* et *Victoire*, tantes du roi, monseigneur Louis-Antoine duc *d'Angoulême*, monseigneur Charles-Ferdinand, duc *de Berry*, tous deux fils de Monseigneur comte d'Artois, — et à Paris par les père et mère de l'épouse, par le chevalier *Barberin*, son oncle, et par le sieur François *Cournault*, procureur au parlement de Paris, et stipulant au nom des père et mère de l'époux dont il était fondé de procuration.

La baronne DE BÉTHUNE fut admise aux honneurs de la Cour, et présentée au roi et à la famille royale à Versailles, le 19 février 1786, par la duchesse DE BÉTHUNE-SULLY (née Epinay-St.-Luc).

Le baron de Béthune mourut peu de temps après son mariage, le 4 avril 1789; il laissa une fille unique nommée Joséphine-Marie-Caroline DE BÉTHUNE, qui épousa, le 30 juin 1807, Armand-Louis-Jean DE JEHANNOT DE BARTILLAT, dont les armes sont : *d'azur, au chevron d'or, au chef d'or, au lion passant de gueule.*

3° Claude-François-Guislain, vicomte DE BÉTHUNE, né à Arras, le 29 décembre 1750, qui épousa Marie-Joseph ENLART DE GRANDVAL, dont la famille avait pour armes : *d'azur au chevron surmonté de trois croissants et accompagné en pointe d'une croix ancrée, le tout d'or.*

Lors du siège de Maëstricht, en 1793, par les troupes républicaines, le vicomte de Béthune contribua à la défense de cette ville. Après la levée du siège, il se rendit à Turin, chez la Marquise de Verdun, sa sœur, d'où il fut obligé de s'éloigner en 1796, à l'approche des troupes françaises; il erra en Allemagne et arriva à Ratisbonne, où il fit un séjour de trois ans. Au commencement de 1798, Louis XVIII lui envoya un brevet de maréchal-de-camp, en y fixant son rang et ancienneté au 5 octobre 1792. Il quitta Ratisbonne en 1800 pour aller à Venise, où il demeura jusqu'en novembre 1802, époque à laquelle il se rendit à Naples, dans le but d'y passer le reste de ses jours. L'avènement de Murat au trône des Deux Siciles, en 1808, chassa de Naples le vicomte de Béthune, dont le dévouement à la cause des Bourbons, était inébranlable. Il se retira à Rome, revint en France en 1814, aussitôt le retour de Louis XVIII, et se fixa à Paris, où il mourut le 31 janvier 1819, à l'âge de 68 ans.

4° Marie-Josèphe-Julie DE BÉTHUNE, qui épousa Charles-Joseph-Casimir CAISSOTTI, marquis DE

Verdun, comte de Sainte-Victoire, de Sainte-Marie et de Rodoret, dont les armes sont : *d'or, à l'aigle de sable, couronné de même, chargé en cœur d'un écu de gueules, au chef d'argent sur le champ de gueules, un bras et main de carnation, mouvant du côté senextre, et tenant une massue élevée au naturel.*

Vingt-deuxième degré.

Eugène-François-Léon, prince de Béthune, et du Saint-Empire, des anciens comtes souverains d'Artois, marquis d'Hesdigneul, comte de Noyelles-sous-Lens, vicomte de Nielles, châtelain de Sissonne, seigneur d'Espréaux, Lesprez, Le Befvre, l'Espesse, Tencques, Bailleulval, etc., etc., lieutenant général des armées du roi de France, chambellan de l'empereur d'Autriche, chevalier des ordres de l'Aigle blanc et de Saint-Stanislas de Pologne, du Lion-blanc Palatin et de Saint-Louis, grand'croix et inspecteur-général de l'ordre chapitral de Limbourg dans la langue d'Austrasie, et du Lion de Holstein-Limbourg, membre des Etats-Nobles de Flandre et d'Artois, des Académies des sciences, arts et belles-lettres d'Arras en Artois, et de Valence en Dauphiné ; — est issu du premier mariage du marquis Joseph de Bé

THUNE avec Jeanne-Louise DE GUERNONVAL-ES-QUELBECQ.

Il est né sur la paroisse de Saint-Denis, en la ville de Saint-Omer, en Artois, le 30 juillet 1746. Il épousa, le 30 mai 1772, Albertine-Josèphe-Eulalie LE VAILLANT, baronne DE BOUSBECQUE, dame de Waudripont, etc., dont la famille porte : *de gueules au soleil d'or.*

Le prince Eugène de BÉTHUNE céda, le 28 décembre 1774, avec l'agrément du Roi, sa charge de guidon des gendarmes de la garde, à son frère le baron de Béthune, en conservant son rang de colonel à la suite de la cavalerie ; et dans la promotion faite à Vienne, en Autriche, le 18 décembre 1776, il fut nommé chambellan de l'impératrice douairière *Marie-Thérèse* et de l'empereur *Joseph II.* Le 3 février 1777, il acheta le bourg et châtellenie de Sissonne, situés près de Laon, en Picardie, dont le château, bâti à la moderne et meublé élégamment, entouré d'un parc de 300 arpents, clos de murs, arrosé d'une petite rivière, la Souche, lui donna une habitation d'été agréable et utile.

Le 4 juillet de la même année, ayant fait vérifier et enregistrer à la chambre héraldique de Bruxelles son ancien titre de marquis, conformément aux lois du pays, et produit un certificat du duc de Béthune-Sully, pair de France et chef de sa maison, qui atteste leur origine commune, il obtint de l'impératrice-reine un diplôme en date du 25 septembre suivant, à l'effet de décorer ses armoiries du manteau ducal et de la couronne fermée, ainsi que tous ses enfants et descendants des deux sexes.

Élu membre honoraire de l'académie d'Arras, au lieu d'académicien ordinaire qu'il était depuis 1765, il fut admis, le 27 octobre 1778, en qualité de marquis, dans l'Etat-Noble de Flandre, séant à Lille, en vertu d'une sentence de la gouvernance et souverain balliage de ladite ville du 22 dudit mois. Le 6 septembre 1781, l'Empereur d'Allemagne Joseph II lui accorda un diplôme daté de Vienne, par lequel : *En considération de son origine illustre et de ses hautes alliances, etc., il est créé* PRINCE *de Béthune-Hesdigneul, lui, ses enfants et descendants des deux sexes, nés et à naître en légitime mariage, selon l'ordre de primogéniture, avec pouvoir à lui ou à eux d'appliquer à volonté ce titre, sur des terres acquises ou à acquérir aux Pays-Bas, qui dès lors prendraient le nom de* PRINCIPAUTÉ *de* BÉTHUNE-HESDIGNEUL.

Le prince de Béthune, étant né français et possessionné en France, demanda et obtint, par lettres ministérielles, l'agrément du roi Louis XVI (1).

Le 14 septembre 1781, la princesse de Bé-

---

(1) Voici la teneur des pièces originales.

PERMISSION
Du roi de France, au marquis de Béthune-Hesdigneul, d'accepter le diplôme de prince.

A Versailles, le 15 septembre 1781.

J'ai reçu, monsieur le Duc, la lettre que vous m'avez fait l'honneur de m'écrire le 4 ce mois, et je me suis empressé de la mettre sous les yeux du Roi ; sa majesté a bien voulu accorder à M. le marquis de Béthune-Hesdigneul, la permission d'accepter le diplôme de prince, que l'Empereur lui a accordé ; ne doutez pas, monsieur le Duc, de la satisfaction que j'ai à vous annoncer cette décision; elle est égale aux sentiments du très-parfait attachement, avec lequel j'ai l'honneur d'être, monsieur le Duc, etc.

Signé : DE VERGENNES.

Et pour suscription, M. le duc de Béthune.

AUTRE PERMISSION

Le Roi, monsieur le Duc, ayant permis à M. le marquis de Béthune-Hesdigneul, d'accepter le diplôme de prince de l'Empire, il est sans difficulté que sa majesté l'autorise à en porter le titre, et qu'il n'y a aucun obstacle à cet égard. C'est ce dont je vous prie de l'assurer.

J'ai l'honneur d'être, etc.

Signé : DE VERGENNES.

Versailles, le 18 octobre 1781.

(Les originaux de ces deux lettres, ainsi que tous les anciens titres, dont il est parlé dans cette généalogie, existent dans les archives de M. le marquis Albert de Béthune).

thune, née Le Vaillant, fut nommée dame de la Croix-Étoilée par *Marie-Louise*, infante d'Espagne et grande-duchesse de Toscane, grande-maîtresse dudit Ordre, n'y ayant point alors d'impératrice.

Après la mort de la princesse de Béthune, arrivée au château de Sissonne le 21 mars 1789, le prince de Béthune, douloureusement affecté de cette perte, se décida à voyager. Deux ans après, il épousa en secondes noces Charlotte-Louise-Elisabeth Bidal d'Asfeld, libre baronne de Suède et marquise de Castille, née à Paris, et dont la famille porte : *Écartelé aux 1 et 4 de gueules à la bande d'azur, chargées de 3 couronnes d'or. Aux 2 et 3 d'azur, au lion naissant d'argent.*

Pierre Bidal, à qui ces armes furent accordées, avait ajouté sur le tout : *d'argent à l'azur en pal, surmontée de deux flèches d'azur en sautoir, les pointes en haut,* qui étaient les anciennes armes de Bidal.

Peu après son second mariage, le prince de Béthune revint à Tournay, lieu de sa résidence ordinaire. Mais il fut forcé de suivre le torrent de l'émigration, se réfugia à Clèves, et ne put définitivement se fixer en France qu'après la seconde Restauration.

Ayant représenté au Roi que, par les extinctions des branches de Béthune-Sully et de Béthune-Charost, arrivées en 1800 et 1807, revêtues de la dignité de duc et pair depuis deux siècles, il se trouvait un des chefs et le doyen de sa maison, Sa Majesté, par lettres patentes du 24 mai 1818, l'autorisa à fonder un majorat de 10,000 francs de revenu, pour servir de commencement à un majorat de 30,000 fr. de rentes, que lui ou ses enfants sont autorisés à compléter ; lequel majorat est le *minimum* de celui fixé pour le titre de duc et pair par l'ordonnance royale du 25 août 1817.

Le prince Eugène de Béthune est mort le 17 août 1823.

TABLEAU

DE LA DESCENDANCE DU PRINCE EUGÈNE DE BÉTHUNE

PAR LES FEMMES.

Ligne paternelle.	Ligne maternelle.
1. Pepin, roi de France 751, né 714, mort 768, ép. Berthe de Laon, morte 783.	1. Robert 1ᵉʳ, *dit le Fort*, duc de France, mort 866, ép. Adélaïde de Laon.

LA MAISON DE BÉTHUNE.

Ligne paternelle.	Ligne maternelle.
2. CHARLEMAGNE, roi de France, né 742, empereur 800, mort 814, ép. 2 en 772, Hildegarde, née 757, morte 783.	2. ROBERT II, duc de France, élu roi de France, 922, mort 923, ép. Béatrix de Vermandois.
3. LOUIS Ier, roi de France et empereur, né 778, mort 840, ép. 1. en 798, Hermengarde de Hasbaye, morte 818.	3. HUGUES, *dit le Grand*, duc de France et de Bourgogne, mort 956, ép. 3. en 938, Hedwige de Saxe, duchesse de Lorraine.
4. GISELLE DE FRANCE, ép. Évrard, duc de Frioul, mort 867.	4. HUGUES-CAPET, roi de France, 987, né 939, mort 996, ép. Adélaïde de Guyenne, morte 1004.
5. BÉRENGER Ier, duc de Frioul, roi d'Italie 888, empereur 916, mort 924, ép. 1. Berthilde, duchesse de Spolette.	5. ROBERT, roi de France, né 970, mort 1031, ép. 2. Constance de Provence, morte 1032.
6. GISELLE DE FRIOUL, duchesse de Spolette, ép. Adalbert Ier, Marquis d'Ivrée, mort 924.	6. HENRI Ier, roi de France, né 1005, mort 1060, ép. 1044, Anne de Russie.
7. BÉRENGER II, marquis d'Ivrée, roi d'Italie, 950, mort 966, ép. Witte de Toscane.	7. PHILIPPE Ier, roi de France, né 1053, mort 1108, ép. 1071 Berthe de Hollande, morte 1093.

Ligne paternelle.	Ligne maternelle.
8. Adalbert II, marquis d'Ivrée, roi d'Italie, mort 969, ép. Gerberge, comtesse de Dijon.	8. Louis VI, roi de France, né 1077, mort 1137, ép. 1115 Adelaïde de Savoye, morte 1154.
9. Otte Guillaume, comte de Dijon, puis de Bourgogne, 1002, mort 1027, ép. 1. Ermentrude de Reims, morte 1005.	9. Louis VII, roi de France, né 1120, mort 1180, ép. 3. en 1160 Alix de Champagne, morte 1206.
10. Mathilde de Bourgogne, ép. 992, Landry IV, comte de Nevers, mort 1028.	10. Philippe II, roi de France, né 1165, mort 1223, ép. 1. en 1180 Isabelle de Haïnault, né 1170, morte 1190.
11. Renaud Ier, comte de Nevers, mort 1040, ép. 1015 Adèle de France.	11. Louis VIII, roi de France, né 1187, mort 1226, ép. 1200, Blanche de Castille, née 1188, morte 1252.
12. Robert de Nevers, baron de Craon, mort 1098, ép. 1. Avoise, dame de Sablé.	12. Louis IX, roi de France, né 1215, mort 1270, ép. 1234, Marguerite de Provence, morte 1295.
13. Renaud, baron de Craon, ép. 1078, Ennoguen de Vitré.	13. Philippe III, roi de France, né 1245, mort 1285, ép. 1. en 1262, Isabelle d'Arragon, née 1247, morte 1271.
14. Maurice II, baron de	14. Charles de France, com-

LA MAISON DE BÉTHUNE. 41

Ligne paternelle.	Ligne maternelle.
Craon, ép. 1100 Tiptaine, dame de Chantocé.	te de Valois, né 1270, mort 1325, ép. 1 en 1290, Marguerite d'Anjou-Sicile, morte 1299.
15. Hugues, baron de Craon, et de Chantocé, ép. 2. Isabelle, marquise.	15. Jeanne de France-Valois, morte 1342, ép. 1305, Guillaume Ier, d'Avesnes, comte de Hainault, mort 1337.
16. Maurice II, baron de Craon, mort 1215, ép. Isabeau de Meulent.	16. Jeanne d'Avesnes Hainault, ép. 2 Bauduin III, baron de Thiennes, Sénéchal de Flandre.
17. Havoise de Craon, ép. Guy VI, sire de Laval.	17. Guillaume, baron de Thiennes, sénéchal de Flandre, ép. Isabelle de Lesquielle.
18. Isabeau de Laval, ép. 1226, Bouchard V, sire de Montmorency.	18. Bothard, baron de Thiennes, sénéchal de Flandre, ép. Alix de Calonne-sur-la-Lys.
19. Mathieu III, sire de Montmorency, mort 1270, ép. 1250 Jeanne de Brienne.	19. Marie, baronne de Thiennes, ép. Gauwin, baron de la Viefville, capitaine général d'art.
20. Mathieu IV, sire de Montmorency, amiral et grand chambellan de France.	20. Jean II de la Viefville, baron de Thiennes, ép. Jeanne du Bois de Fiennes.

Ligne paternelle.	Ligne maternelle.
mort 1504, ép. 2 en 1277, Jeanne de Levis, morte 1327.	
21. JEAN Ier, sire de Montmorency, mort 1325, ép. Jeanne de Calletot.	21. SOHIER DE LA VIEFVILLE, baron de Thiennes, ép. Jeanne de Poix.
22. CHARLES, sire de Montmorency, pannetier et maréchal de France, mort 1381, ép. 3 Perrenelle de Villers-l'Isle-Adam.	22. BLANCHE DE LA VIEFVILLE, ép. Jacques de Wissocq, sire de Tannay, chambellan du duc de Bourgogne.
23. JACQUES, sire de Montmorency, chambellan de France, né 1370, mort 1414, ép. 1399 Philippine de Melun-Epinoy, morte 1421.	23. ANTOINE Ier de Wissocq, sire de Tannay, gouverneur d'Alost, ép. Catherine d'Abbeville-Boubers.
24. PHILIPPE DE MONTMORENCY, seigneur de Croisilles, chambellan du duc de Bourgogne, mort 1474, ép. 1. Marguerite de Bours.	24. ANTOINE II DE WISSOCQ, sire de Tannay, gouverneur d'Aire, ép. Jossine de Ghistelles, morte 1468.
25. MARC DE MONTMORENCY, seigneur de Croisilles, mort 1499, ép. Marie de Halluin.	25. ANTOINE III DE WISSOCQ, sire de Tannay, gouverneur d'Aire, mort 1526, ép. 1484 Antoinette de Saveuse.
26. ANTOINE DE MONTMOREN-	26. PHILIPPE DE WISSOCQ, sei-

Ligne paternelle.

cy, seigneur de Croisilles, mort 1529, ép. 1, en 1498, Françoise de Lannoy-Mollembaix.

27. BAUDUIN DE MONTMORENCY, seigneur de Croisilles, mort 1567, ép. 1 en 1530, Isabeau de Stavelle, morte 1542.

28. JEANNE DE MONTMORENCY-CROISILLES, ép. Gabrielle de Jausse, sire de Mastaing, comte de Lierdes

29. ADRIENNE DE JAUSSE-MASTAING, ép. 1586, Jean de Berghes-Saint-Vinox, seigneur de Bailleulval, mort 1591.

30. MARIE-ADRIENNE DE BERGHES-St-VINOX, dame de Bailleulval, morte 1619, ép. 1606, Hugues IV, comte de Noyelles-sous-Lens, Gouverneur de Limbourg, né 1577, mort 1650.

31. LOUISE, comtesse de Noyelles-sous-Lens, née

Ligne maternelle.

gneur de Bomy, amiral de Flandre, mort 1526, ép. 1. en 1505, Antoinette de Salusses - Bernemicourt, née 1488, morte 1515.

27. CHARLES DE WISSOCQ, seigneur de Bomy, grand fauconnier de la reine de Hongrie, mort 1557, ép. 1530, Adelaïde-Lefebvre Heemstede, morte 1570.

28. JULIEN DE WISSOCQ, seigneur de Bomy, grand veneur de St-Pol, mort 1607, ép. Marie de Flechin.

29. MARTIN DE WISSOCQ, vicomte d'Erny-St-Julien, ép. 1609, Philippine du Chasteler, née 1582, morte 1650.

30. MARIE-FRANÇOISE DE VISSOCQ, vicomtesse d'Erny-Saint-Julien, morte 1675, ép. 1638, Adrien-François de Ghistelles, marquis de St-Floris, né 1615, mort 1691.

31. MARIE-FRANÇOISE DE GHISTELLES, née 1643, morte

44   LA MAISON DE BÉTHUNE.

Ligne paternelle.	Ligne maternelle.
1609, morte 1664, ép. 1629, Eugène de Noyelles, comte de Marle et de Croix, mort 1685.	1710, ép. 1673, Adrien-François-Florent de Guernonval, baron d'Esquelbecq, né 1653.
32. ANNE-MARIE-MARGUERITE-FRANÇOISE-JOSEPHE, comtesse de Noyelles-Marle, née 1647, morte 1727, ép. 1670, Charles-Jacques-François, marquis de Béthune-Hesdigneul, né 1646, mort 1673.	32. PHILIPPE-ADRIEN-FOLQUIN FRANÇOIS DE GUERNONVAL, baron d'Esquelbecq, né 1677, mort 1699, ép. 1696, Ernestine-Florence-Alexandr. de Maulde, morte 1710.
33. EUGÈNE-FRANÇOIS, marquis de Béthune-Hesdigneul, comte de Noyelles, né 1671, mort 1764, ép. 1695 Camille-Marie-Guislaine, comtesse de Piétra-Sancta, née 1679, morte 1760	33. PHILIPPE-MAXIMILIEN-ERNEST DE GUERNONVAL, baron d'Esquelbecq, né 1698, mort 1744, ép. 1720, Jeanne-Madeleine-Brunet de Montferand, née 1702, morte 1736.
34. JOSEPH-MAXIMILIEN-GUISLAIN, marquis de Béthune-Hesdigneul, comte de Noyelles, gouverneur de Marle, né 1705, mort 1789.	34. JEANNE-LOUISE-DE-GUERNONVAL-ESQUELBECQ, née 1724, morte 1746.

Ainsi, c'est du mariage de Joseph-Maximilien Guislain, marquis de BÉTHUNE-HESDIgneul, et de Jeanne-Louise de Guernonval Esquelbecq, formant le *trente-quatrième degré*, qu'est issu, comme nous l'avons dit, Eugène-François-Léon, prince de Béthune-Hesdigneul, comte de Noyelles, etc., faisant le *trente-cinquième degré*, et dont l'article précède ce tableau généalogique.

Enfants

D'Eugène-François-Léon, prince de Béthune-Hesdigneul, et d'Albertine-Josèphe-Eulalie Le Vaillant de Bousbecque, sa première femme :

1° Marie-Josèphe-Charlotte de Béthune, dame de l'Aubespine, Roctoville, etc., fille aînée, naquit à Tournay le 22 mars 1773, et mourut le 17 septembre 1827.

Elle avait épousé, le 15 avril 1795, Louis-Gabriel-Théodose, comte de Beaurepaire, ancien lieutenant aux carabiniers du roi de France, alors premier lieutenant au régiment des hussards d'Hompesck, au service d'Angleterre, et dont les armes sont : *de sable, à 3 gerbes d'avoine d'argent.*

Le comte Théodose de Beaurepaire est mort le 9 mai 1844.

Le comte et la comtesse de Beaurepaire eurent deux enfants.

2° Maximilien-Guillaume-Auguste, prince de Béthune-Hesdigneul, dont l'article suivra.

3° Albert–Marie-Joseph-Omer-Charles-Eugène-Maximilien, marquis de Béthune, seigneur de Waudripont, qui aura son chapitre après son frère ci-dessus.

4° Marie-Amé-Bernard-Antoine-Joseph-Eugène-Maximilien, comte de Béthune, baron de Bousbecque, qui aura son chapitre après ses deux frères ci-dessus.

5° Philippe-Joseph-François-Eugène-Maximilien, comte de Béthune, seigneur de Beauvoir, qui aura son chapitre particulier après ses trois frères ci-dessus.

6° Félix-Ferdinand-François-Philippe, comte de Béthune, seigneur de Colbra, qui aura son chapitre particulier après ses quatre frères ci-dessus.

7° Joséphine-Félicité-Adélaïde-Julie-Eugénie-Clotilde-Sophie de Béthune, dame de Moriempré, née à Tournay le 25 avril 1782.

Le 2 mai 1807, elle épousa Auguste-Hubert-Marie Le Clément, baron de Taintegnies, seigneur de Marilles, Nodrange, dont elle est veuve aujourd'hui, et qui avait pour armoiries : *de gueules à 3 trèfles d'or, 2 et 1 au chef d'argent à 3 merlettes de sable.*

Le baron et la baronne de Taintegnies ont eu cinq enfants, dont il n'existe que trois filles en cette année 1844.

Vingt-troisième degré.

Maximilien-Guillaume-Auguste, prince de Béthune et du Saint-Empire, des anciens comtes-souverains d'Artois, marquis d'Hesdigneul, seigneur châtelain de Sissonne, comte de Noyelles-sous-Lens, chef d'escadron au service de France, chambellan du roi de Prusse, grand'croix de l'ordre chapitral de Limbourg dans la langue d'Austrasie, et du Lion de Holstein dans la langue de France, chevalier de Saint-Louis, est, ainsi que nous l'avons dit, le fils aîné du prince Eugène de Béthune-Hesdigneul.

Il naquit à Tournay le 17 septembre 1774.

Par diplôme du 10 mars 1784, il fut nommé grand'croix dans l'ordre chapitral d'ancienne noblesse, dit de Limbourg, dans la langue d'Austrasie. Après avoir terminé ses études dans le collège royal et militaire de Rebais-en-Brie, il voulut prendre du service en France; alors son père obtint pour lui une sous-lieutenance au régiment Royal-Navarre, cavalerie, avec dispense de rejoindre le corps pour achever ses exercices à Rebais-en-Brie, où il se trouvait. Lors de la campagne de 1792, le prince Maximilien refusa de porter les armes contre son légitime souverain. Il revint à Tournay et entra dans l'armée de Bourbon en qualité de volontaire. En 1793, il fut nommé enseigne surnuméraire dans la légion de Rohan au service d'Angleterre. Réformé en 1794, il alla passer l'été à Turin chez la marquise de Caissotti-Verdun, sa tante. Il se rendit ensuite auprès de son père, retiré à Utrecht, et l'accompagna à Zell, dans le duché de Lunébourg. Le 23 mars 1795 il fut nommé cornette et promu, le 22 avril suivant, au grade de lieutenant des chasseurs d'York; mais comme ce corps dut s'embarquer pour les Grandes Indes, il céda aux sollicitations de son père, qui ne voulait pas se séparer de lui, et il donna sa démission. Le 29 août 1797, il fut créé chambellan de Frédéric-Guillaume II, roi de Prusse, et il assista, à ce titre, aux funérailles de ce roi, décédé le 16 novembre suivant. A la fin de décembre 1804, il fut réuni à ses frères et sœurs, et ils firent ensemble le partage de leurs héritages. Le 29 thermidor en X (17 août 1802), il épousa Adélaïde-Octavie LE DENAYS, fille de Jean-Baptiste-Louis, marquis de QUEMADEUC, seigneur de Tertrogon, Kervero et Philippotte.

La maison de LE DENAYS, l'une des plus anciennes de Bretagne, est originaire du pays de Lamballe, et a pour armes : *Or, à deux chevrons de sable et un lion de même lampassé de gueules, brochant sur le tout.*

Le 30 mai 1814, le prince Maximilien de Béthune reçut la décoration du Lys du roi Louis XVIII, et fut nommé par lui chevalier de Saint-Louis, le 5 septembre suivant, puis chef d'escadron le 24 décembre de la même année.

Il n'a qu'une fille unique Léonie-Louise-Augustine, princesse de BÉTHUNE-HESDIGNEUL, née à Paris le 28 avril 1804.

Vingt-troisième degré.

ALBERT-MARIE-JOSEPH-OMER-CHARLES-EUGÈNE-MAXIMILIEN, marquis de BÉTHUNE, seigneur de WAUDRIPONT, FORMISEL, des anciens comtes-souverains d'Artois et des princes de BÉTHUNE, grand'croix de l'ordre chapitral de Limbourg dans la langue d'Austrasie, et du Lion d'Holstein, chevalier de Saint-Louis, chevalier de l'ordre royal de la Légion-d'Honneur, colonel du régiment des cuirassiers de la Reine de France, est le deuxième fils du prince Eugène de BÉTHUNE.

Il est né, à Tournay, le 7 mars 1776. Par patentes en date du 10 mars 1784, il fut nommé, ainsi que son frère aîné et ses sœurs, grand'croix de l'ordre chapitral d'ancienne noblesse dans la langue d'Austrasie, appelé depuis l'ordre de Limbourg.

En 1791, il entra dans la première compagnie des gentilshommes volontaires de Flandre et Artois, que son père commandait, et assista à la campagne de 1792. Quand ce corps fut dissous, le marquis Albert de Béthune rejoignit son père en Zélande, et entra, peu de temps après, dans le régiment des grenadiers Wallons de Perez au service de Hollande, et obtint le brevet d'enseigne, le 14 février 1793. Le 24 octobre 1794, il se démit de ce grade, et fut promu, le 5 novembre suivant, au grade de premier lieutenant dans le régiment des Hullans Britanniques, avec lequel il prit part à la campagne d'hiver en Hollande, qui fut immédiatement suivie de la retraite dans l'électorat de Hanôvre. Le 1ᵉʳ décembre 1795, il dut s'embarquer, avec le même régiment, pour l'Angleterre. La traversée dura un mois au lieu de huit jours. D'Yarmouth, où il débarqua, il fut envoyé à Southampton ; il y débarqua le 18 février 1796, et s'en alla, par terre, à Limmington. Le 6 mars suivant, il partit pour les Indes Occidentales, toucha à la Barbade, se distingua, avec son régiment, à la prise de l'île et fort de Sainte-Lucie, qui eut lieu en trois semaines, retourna en Angleterre et débarqua dans l'île de Wight, quatre mois et demi après son départ de Limmington, diligence qui parut d'abord incroyable.

Lors de l'incorporation des Hullans Britanniques dans la légion de Saint-Domingue, le marquis Albert de Béthune fut nommé capitaine propriétaire le 24 octobre 1796, et s'embarqua le 13 novembre suivant pour Saint-Domingue, où il arriva au Port-au-Prince le 27 mars 1797, après avoir essuyé plusieurs tempêtes.

Au bout de neuf mois, il fut atteint de la fièvre jaune, dont il eut plusieurs rechûtes, et fut huit mois moribond ou languissant. A cette époque, les Anglais se décidèrent à évacuer l'île ; et la légion qui de 600 hommes était réduite à 100 au plus, fut réformée le 6 août 1798. Alors le marquis Albert de Béthune passa à Philadelphie sur un bâtiment américain ; mais le 18 du même mois, il fut rencontré par le corsaire français la *Pourvoyeuse*, capitaine Olagnier, de Bordeaux. Quoique neutre, le bâtiment fut capturé, et le marquis Albert de Béthune condamné à être pendu, sans preuves de délit, mais soupçonné d'être émigré français. Il échappa fort miraculeusement. Pendant que le corsaire qui, manquant d'eau, relâchait à Baroca, port de l'île espagnole de Cuba, le marquis Albert s'y sauva, et, à l'aide d'un passeport, il se rendit à la Havane, le 1er septembre, sans argent et sans autres vêtements que celui qu'il avait sur le corps.

Après 20 jours de misère, il partit pour Philadelphie où il arriva le 21 décembre 1798, et fut accueilli par quelques parents et amis. Le 1er février 1800, il s'embarqua pour Londres, quitta cette ville, en novembre suivant, se rendit à Rotterdam en Hollande, puis à Tournay. Là, il retrouva ses frères et sœurs, et dans le partage général des biens maternels, eut pour son lot la terre de Waudripont, et le fief de Formisel, situé audit lieu, près de Mons-en-Hainaut. Enfin, par contrat passé au château de la Villetertre, département de l'Oise, le 16 novembre 1807, il épousa DENISE-RENÉ JOSÉPHINE DES-COURTILS, fille cadette de Louis René, comte DES-COURTILS, seigneur de Baleux, Bouconvilliers, Bachaumont, Gremenvilliers, la Chapelle, etc., grand bailly du Beaujollois, colonel d'infanterie, chevalier de Saint-Louis, et de Geneviève-Joséphine-Emilie Le Moyne de Bellisle, dame de la Villetertre, Bellisle, Heinsies, Vernonet, etc.

Le marquis Albert de Béthune porte les armes de son père, après la mort duquel il prit le titre de marquis, et la marquise Albert de Béthune porte : *d'azur au lion d'argent armé et lampassé de gueules, portant à son col un écu d'or, au lion de sable qui est de flandre attaché par un ruban de gueules.*

Malgré son goût pour l'état militaire, le marquis Albert refusa constamment de servir sous l'Empereur Napoléon, et se retira à la campagne chez son beau-père; mais à la Restauration, il accourut à Paris et fut nommé capitaine de la garde nationale en avril 1814. Pour le récompenser de ses anciens services, Louis XVIII le fit chevalier de Saint-Louis, le 20 avril, et sous-lieutenant des gendarmes de sa garde avec brevet de major le 6 juillet suivant, et enfin colonel de cavalerie, le 1er mars 1815. Lorsque Napoléon revint de l'Ile d'Elbe, le marquis Albert suivit le roi à Gand et revint à Paris avec lui. S. A. R. Madame, duchesse d'Angoulême, reconnut son dévouement en lui donnant, le 27 septembre 1815, son régiment des Cuirassiers de la Reine. Par diplôme du 1ᵉʳ août 1816 le chapitre de la langue de France dans l'ordre du lion de Holstein-Limbourg, assemblé à Paris, le nomma grand'croix dudit Ordre. Le marquis de Béthune a le droit de prendre le titre de Prince, aux termes des lettres-patentes que nous avons déjà citées.

Il a deux fils :

1° ALBERT-MAXIMILIEN-JOSEPH comte DE BÉTHUNE, né au château de la Villetertre, le 10 janvier 1809 ;

2° HENRI-MAXIMILIEN-JOSEPH-AMAURY comte DE BÉTHUNE, né audit château, le 30 novembre 1811.

Tous deux ont été nommés Commandeurs de l'Ordre des quatre Empereurs le 2 décembre 1843.

Mᵐᵉ la marquise Albert de Béthune est décédée le 10 avril 1844.

Vingt-troisième degré.

MARIE-AMÉ-BERNARD-ANTOINE-JOSEPH-EUGÈNE-MAXIMILIEN, comte de BÉTHUNE, des anciens comtes souverains d'Artois et des princes de Béthune, baron de Bousbecque, seigneur de La Lys, ancien chevalier de Malte dans la langue de France, chambellan du roi des Pays-Bas, et colonel d'état-major, chevalier du lion de Belgique, commissaire du roi pour le district de Tournay, est le troisième fils du prince Eugène de BÉTHUNE.

Il est né à Tournay, le 2 Juillet 1777, et décédé le 27 octobre 1835. Il fut admis chevalier de Malte de minorité dans la langue de France par bref du 7 septembre 1777, et les frais de son passage furent acquittés à Paris le 29 août 1780. En butte, comme tous ses frères, aux tribulations inséparables des orages révolutionnaires, il se réfugia chez la comtesse d'Erlach, à Saint-Denis, où se trouvait la princesse de Béthune, sa belle-mère, et y fut avec elle en arrestation pendant treize mois. En 1795, il se rendit à Tournay, et fut mis à la tête des affaires de son père émigré; sa prudence, sa fermeté, son intelligence, dans des circonstances aussi graves, étonnèrent tout le monde et engagèrent son père, aussitôt son retour dans la Belgique, à se le faire adjoindre à la tutelle de ses frères et sœurs, par acte du 24 juillet 1797.

Le 17 juin de la même année, il épousa MARIE-JOSÉPHINE, baronne de STEENHUYS, comtesse d'Hust et du Saint-Empire, dont la famille porte : *d'argent au chevron de gueules accompagné d'un annelet de même en pointe.*

Il a trois enfants :

1° Eugène-Adolphe, comte de Béthune, d'Hust et du Saint-Empire, né à Tournay le 19 mars 1798.

2° Joséphine-Géorgine-Antoinette, comtesse de Béthune, d'Hust et du Saint-Empire, née à Tournay le 1ᵉʳ avril 1800.

3° Maximilien-Guillaume-Auguste-Albert, comte de Béthune, d'Hust et du Saint-Empire, né à Tournay, le 20 mars 1802.

La baronne de Steenhuys comtesse de Béthune est morte.

Vingt-troisième degré.

Philippe-Joseph-François-Eugène-Maximilien, comte de Béthune, des anciens comtes souverains d'Artois et des princes de Béthune, seigneur de Beauvoir, etc., capitaine dans la garde nationale de Compiègne, est le quatrième fils du prince Eugène de Béthune.

Il est né, à Tournay, le 14 janvier 1780. Il fit ses premières études à l'école royale militaire de Rebais en Brie, où il resta jusqu'à sa suppression en 1791. Comme son frère le comte Bernard, il fut mis en état d'arrestation, pendant treize mois, chez la comtesse d'Erlach à Saint-Denis, où il s'était réfugié.

En 1797, il alla faire son académie à Bruxelles, et dans le partage des biens maternels, eut pour son lot la seigneurie de Beauvoir, située au village de Fampoux, près de la ville d'Arras, avec toutes les terres voisines.

Il épousa, le 16 décembre 1805. LUCIE de LANCRY, dont la famille porte : *d'or à trois ancres de sable, 2 et 1.*

Il a quatre enfants :

1° Eulalie-Charlotte-Julie de Béthune, née à Compiègne le 16 mars 1808.

2° Léon-Maximilien-Maurice de Béthune, né à Compiègne, le 15 janvier 1810.

3° Albine-Charlotte-Gabrielle de Béthune, née à Compiègne le 27 janvier 1811.

4° Gaston-Maximilien-Louis-Eugène de Béthune, né à Compiègne, le 15 septembre 1843.

Vingt-troisième degré.

FÉLIX—FERDINAND-FRANÇOIS-PHILIPPE, comte de BÉTHUNE, des anciens comtes souverains d'Artois, et des princes de Béthune, seigneur de Colbra, chevalier non profès de l'ordre de Malte dans la langue de France, chambellan du roi des Pays-Bas, et colonel d'état-major, etc., est le cinquième fils du prince Eugène de BÉTHUNE.

Il est né à Tournay le 5 décembre 1783.

Après avoir éprouvé la même destinée que son frère le comte Philippe, il eut pour son lot, la baronie de Bousbecque et une ferme située au village de Marc-en-Bareuil près Lille. Il échangea ce fief contre celui du Colbra avec son frère le comte Bernard de Béthune.

Il épousa, le 17 août 1805, MARIE-JUSTINE-CATHERINE, baronne TAETS–VAN–AMERONGEN, dont la famille, l'une des plus anciennes de la province d'Utrecht, illustrée par ses alliances et par les grands emplois qu'elle a remplis dans sa patrie en tous temps, porte : *d'argent à la face de gueules.*

Il fut nommé chambellan du Roi des Pays-Bas, par brevet du 17 novembre 1816, avec rang de colonel d'État-major.

De son mariage est issue :

Eugénie-Caroline-Marie-Félicité de BÉTHUNE, née le 14 août 1806, morte le 11 mars 1807.

BRANCHE

DES

COMTES DE BÉTHUNE-SAINT-VENANT,

VICOMTES DE LIERRES, SEIGNEURS ET POSSESSEURS ACTUELS

DU DUCHÉ DE SULLY.

―

Dix-septième degré.

GEORGES DESPLANCQUES, seigneur de BER-LETTE, quatrième fils de Pierre Desplancques (1), seigneur d'Hesdigneul, et de Jacqueline LE HYBERT, fondateur de cette branche, épousa, par contrat passé à YPRES, le 22 janvier 1606, Hélène de ZILLEBECQ, fille de Ferdinand, seigneur de ZILLEBECQ, de la Cessoye, du Fresnoy, de Herentalles, etc., et de Florence de PENNIN. Ils testèrent mutuellement le 20 janvier 1617, et eurent pour enfants :

1° JEAN, *dont l'article suit :*

2° N..... de Béthune, seigneur de Baraffle, mort sans alliance ;

―――

(1) *Voyez* page 19.

3° Florence de Béthune ;

4° Louise-Antoinette de Béthune, mariée à Philippe de Coupigny, écuyer, seigneur de Salaer.

Dix-huitième degré.

JEAN DE BÉTHUNE, dit DESPLANCQUES, sixième du nom, chevalier, seigneur de Pennin, de Berlette, de Huzoy, de Louvaincourt, de Baraffle, etc., est le fils aîné de Georges DES-PLANCQUES qui précède.

Il fut commis par justice curateur aux personnes et biens des enfants mineurs de Charles-Jacques-François de Béthune, marquis d'Hesdigneul, qui forme le dix-neuvième degré de la branche de Béthune-Hesdigneul (1). Il laissa d'Anne-Catherine de Gherlode, sa femme :

1° Antoine-Joseph de Béthune, seigneur de Berlette, mort sans alliance, au service du roi, en Allemagne ;

2° Jean-Philippe de Béthune, religieux et abbé de Saint-Bertin de Saint-Omer ;

3° Georges-Louis de Béthune, ecclésiastique ;

---

(1) Voyez page 25.

4° Charles-Lambert de Béthune, seigneur de Baraffle, mort sans alliance, au service du roi ;

5° Léopold-Joseph de Béthune, religieux de Saint-Waast d'Arras, et prévôt de Gohorte ;

6° Adrien-François, *dont l'article suit* :

7° Léon-Philippe de Béthune, chanoine de Saint-Omer ;

8° Marie de Béthune, religieuse aux dames de l'abbaye d'Arras ;

9° Lamberte-Scholastique de Béthune, religieuse au même monastère ;

10° Caroline-Philippine, religieuse à l'hôpital royal des dames d'Oudenarde ;

11° Antoinette-Eugène de Béthune, religieuse et abbesse des dames de Bourbourg.

Dix-neuvième degré.

Adrien-François de Béthune, dit Desplancques, chevalier, seigneur de Pennin, de Baraffle, de Louvaincourt, etc., est le sixième fils de Jean VI qui précède. Il épousa Marie-Madeleine-Gilles de Lierres, fille aînée de Maximilien de Lierres, comte de Saint-Venant, baron du Wal, seigneur d'Auchel, de Westrehen, de

Medon, de Malfiance, etc., gouverneur pour S. M. Catholique des ville et château de Saint-Omer, et de Françoise de Fiennes. Par cette alliance toutes les susdites terres sont entrées dans la Maison de Béthune. Leurs enfants furent :

1° Maximilien-Marin de Béthune, mort sans alliance, au service du roi ;

2° Léopold-Louis de Béthune, mort aussi sans alliance ;

3° FRANÇOIS-EUGÈNE, *dont l'article suit :*

4° Adrien-François de Béthune, ancien capitaine au régiment du roi, né en 1694, maréchal de ses camps et armées en 1759, mort en 1789 ;

5° Marie-Jacqueline de Béthune, femme d'Alexandre de Tramecourt, chevalier, seigneur de Tramecourt, d'Everchen, de Beaurepaire et d'Azincourt ;

6° Marie-Charlotte de Béthune, religieuse et abbesse de l'abbaye de Bourbourg ;

7° Marie-Eugénie de Béthune, mariée au baron de Neuville, au pays de Liége.

Vingtième degré.

François-Eugène, comte de BÉTHUNE et de

Saint-Venant, vicomte de Lierres, seigneur de Liérette, de Nedon, d'Auchel, de Westrehen, de Malfiance, de Pennin, etc., est le troisième fils d'Adrien-François de Béthune qui précède.

Il est né le 19 mai 1693, fut fait capitaine au régiment du Roi, infanterie, député général ordinaire et en cour par la noblesse des états d'Artois, et mourut le 13 août 1760. Il avait épousé, 1° par contrat du 21 novembre 1724, Françoise-Louise de Croix, veuve de Charles-Alexandre, marquis de Beauffremez, baron d'Esne, etc., et fille de Charles-Adrien, comte de Croix et d'Oyembourg, baron de Pottes, etc. et de Marie-Philippine, comtesse de Croix-Wasquehal; 2° le 28 août 1727, Marie-Ernestine-Josephe de Houchin, chanoinesse de Maubeuge, née en 1714, morte le 6 septembre 1764, fille de Louis-François-Joseph de Houchin, marquis de Longastre, vicomte de Hautbourdin, seigneur d'Annezin, de Feuquereulles, etc., et de Marie Josephe-Thérèse-Guislaine de Thienne-Berthe.

Ses enfants furent :

1° Louis-Eugène-Ernest, comte de Béthune et de Saint-Venant, né le 18 avril 1731, capitaine au régiment du roi, mort le 20 mai 1790, sans alliance;

2° Adrien–Joseph–Amélie, *dont l'article suit;*

3° Marie-Ernestine-Françoise de Béthune, née le 1er août 1729, chanoinesse de Maubeuge, morte victime de la Révolution, à Arras, le 9 septembre 1758; Charles–Gabriel de Raymond, marquis de Modène et de Pomerols, mort le 20 janvier 1785;

4° Marie–Antoinette–Eugène de Béthune, née le 15 novembre 1733, mariée, le 19 mars 1763, à Louis-Auguste, marquis, puis duc de la Viefville, comte de Watton, baron de Steenwoorde, chevalier de Saint-Jean de Jérusalem, né le 28 février 1723, mort à Arras, victime de la Révolution, le 23 avril 1794.

Vingt-unième degré.

Adrien-Joseph-Amélie, comte de Béthune et de Saint–Venant, vicomte de Lierres, baron de Berneville, est le deuxième fils de François-Eugène de Béthune qui précède; il est né à Arras le 3 août 1736, mestre-de-camp d'une brigade de carabiniers en avril 1768, maréchal des camps et armées du roi, le 1er janvier 1784, mort à Arras, victime du tribunal révolutionnaire, le 12 février 1794. Il avait épousé, par contrat du 1er juin 1767, Marie-Josephe-Françoise de Bernard-de-Calonne, née le 5 février 1753, morte le 31 mai 1779, fille de François Eugène de Bernard, comte de Calonne-Ricouart, doyen de la noblesse des états d'Artois, et de Jeanne-Josephe-Florence de Le Val. De ce mariage sont issus :

1° Marie-Louis-Eugène-Joseph, *dont l'article suit;*

2° Louis-Philippe-Eugène, comte de Béthune, né le 20 janvier 1778, mort le 25 février 1809. Il avait épousé, 1° le 20 novembre 1797, Julie-Louise de Raulin-de-Belleval, née le 5 octobre 1777, morte le 14 novembre 1801, fille de Louis-César-François-Désiré de Raulin, marquis de Belleval, capitaine de cavalerie, etc., et de Jeanne-Gabrielle de Gaudechart-de-Querieu; 2° le 28 mai 1802, Anne-Josephe-Claude de Cardon-de-Vandleville, fille de Jean-Joseph-Antoine de Cardon, comte de Vidampierre et de Vandleville, etc., et de Marguerite Floquet. Il n'a eu qu'une fille unique, née du premier lit, le 28 mars 1804;

3° Marie-Amélie-Eugénie-Ernestine-Françoise de Béthune, née le 28 novembre 1768, chanoinesse à Maubeuge, mariée, le 22 mars 1791, à Georges-Léonard-Bonaventure, marquis de Tramecourt, né le 7 janvier 1776, membre de la Chambre des députés en octobre 1815 ;

4° Marie-Adrienne-Aldegonde de Béthune, née le 28 mai 1773, chanoinesse à Maubeuge, mariée, le 25 septembre 1794, à Louis-Alexandre de Morgan, né le 3 septembre 1759, maire d'Amiens et membre de la Chambre des députés en octobre 1815 ;

5° Marie-Josephe-Françoise-Ernestine de Béthune, née le 8 juin 1774, chanoinesse de Maubeuge.

Vingt-deuxième degré.

Marie-Louis-Eugène-Joseph, comte DE BÉTHUNE et DE SAINT-VENANT, vicomte DE LIERRES, Seigneur de PENNIN, baron de SULLY, par donation du 29 mai 1808 (dont l'extrait suit), marquis de LENS, comte de Montgommery, etc., est le fils aîné d'Adrien-Joseph de Béthune qui précède.

Il est né le 13 juin 1771, lieutenant-colonel en Portugal en 1800, mort le premier mars 1812. Il avait épousé 1° par contrat du 28 septembre 1791, sa cousine germaine, Isabelle-Claire-Eugénie-Françoise de la Viefville, née en 1772, morte à Arras, victime de la Révolution avec son père, le 23 avril 1794, (voyez le 24ᵉ degré); 2° par contrat du 1ᵉʳ juin 1808, Anne-Albertine-Josephe-Marie de Montmorency-Luxembourg, née en 1790, fille d'Anne-Christian, comte de Montmorency-Luxembourg, duc de Beaumont, pair de France, prince de Tingri, etc., et de Armande-Louise-Marie de Bec de-Lièvre, marquise de Cany.

Du second lit sont issus :

1° Maximilien-Léonard-Marie-Louis-Joseph, comte de Béthune-Sully, né le 1ᵉʳ février 1810;

2° Charles-Louis-Marie-François, comte de Béthune, né le 20 janvier 1812.

Extrait de la donation des terres de Sully, de Béthune, de Lens et de Montgommery, faite en 1808, à M. le comte de Béthune-Saint-Venant, formant le 22ᵉ degré ci-dessus :

Maximilien-Alexandre de BÉTHUNE, duc de Sully, né le 20 avril 1784, (fils unique de Maximilien-Gabriel-Louis de Béthune, duc de Sully, pair de France, comte de Béthune et de Montgommery, marquis de Lens, etc., et d'Alexandrine Bernardine-Barbe-Hortense d'Espinay-Saint-Luc), étant mort le 20 septembre 1807, sans alliance et dernier rejeton de sa branche, sa mère hérita de tous ses biens, dont elle fit donation à Marie-Louis-Eugène-Joseph de Béthune, ci-dessus, dans le contrat de mariage dudit, avec mademoiselle de Montmorency-Luxembourg, passé le 29 mai 1808, par devant Sérize et Hua, notaires à Paris. Voici l'extrait de l'article VI dudit contrat de mariage :

Art. VI.

« Par ces présentes madame veuve de Sully,
« successivement privée d'un époux et d'un
« fils dont la perte a fait passer dans ses mains
« des biens qu'il lui tarde de replacer dans
« leur maison comme un gage de ses senti-
« ments pour eux, et encore dans l'espoir de
« voir revivre et perpétuer le nom de Sully,
« ne voyant rien qui s'oppose, (en se confor-
« mant aux lois), à la condition qu'elle va im-
« poser à M. de Béthune, futur époux, de faire
« toutes les démarches et de solliciter toutes les
« autorisations nécessaires pour avoir la faculté
« d'ajouter à son nom celui de Sully, a fait et
« fait par le présent contrat de mariage et
« d'après les considérations sus-exprimées,
« donation entrevive et irrévocable, et en la
« meilleure forme que donation puisse valoir
« à mondit sieur Marie-Louis-Eugène-Joseph
« de Béthune-Pennin, ce acceptant avec recon-
« naissance, des biens immeubles et rentes

« dépendants des ci-devant duché-pairie de
« Sully, comtés de Béthune et de Montgom-
« mery, et marquisat de Lens, détaillés et
« énoncés, ainsi que la propriété desdits biens
« en la personne de madame de Sully, dans
« un état dressé..... et demeuré annexé à la
« minute des présentes, après avoir été d'elle
« et de M. de Béthune, signé et paraphé, *ne
« varietur*, en présence des notaires soussi-
« gnés....., cette donation ainsi faite parce
« que telle est la volonté de madame de Sully,
« et en outre à la charge par M. de Béthune
« qui s'y oblige, mais pour ce cas seulement
« et non autrement où il en obtiendrait l'au-
« torisation, d'ajouter à son nom de Béthune,
» celui de Sully, de prendre et porter ensuite
» les susdits noms dans tous les actes civils et
« autres qu'il pourrait passer, promettant mon-
« dit sieur de Béthune de faire incessamment
« toutes les demandes, pétitions et démar-
« ches nécessaires pour obtenir cette autori-
« sation, etc., etc. »

Armes : « *D'argent, à la fasce de gueules.*
« qui est de Béthune ; pour brisure, *au pre-*
« *mier canton un écusson de gueules, à la bande*
« *d'or, accompagné de six billetes du même,* qui
« est de Saveuse ; en mémoire de l'alliance
« contractée avec cette illustre maison en

« 1187, par Hugues de Carency, premier du
« nom, seigneur Desplancques (1). Supports,
« *deux sauvages armés de massues.* »

*Mémoire d'Armand-Joseph de Béthune, duc de
Charost, pair de France, présenté au roi, en
1789, par M. de Villedeuil, ministre de la
maison du Roi, concernant M. le prince de
Béthune-Hesdigneul.*

« La seule branche de la maison de Béthune
« qui existe en pays étranger, a pour chef Eu-
« gène-François-Léon, prince de Béthune-
« Hesdigneul, chevalier des ordres du roi de
« Pologne, et père d'une nombreuse famille.
« Le duc de Charost désire infiniment de la
« voir établie en France, afin que toutes les
« branches de sa maison se trouvent réunies
« dans ce royaume, et que pénétrées d'amour
« et de respect pour leur Roi, elles soient à
« portée de lui marquer leur zèle pour son ser-
« vice et le bien de l'Etat.
« C'est dans ces sentiments que le duc de
« Charost a fait des tentatives auprès du prince
« de Béthune pour l'engager à se fixer entiè-
« rement en France avec ses enfants et y réa-

---

(1) Voyez page 11.

« liser sa fortune. Le prince de Béthune lui a
« paru disposé favorablement à suivre ce con-
« seil ; mais l'intérêt qu'il prend à sa famille,
« les honneurs et le rang dont il jouit en Alle-
« magne, tant par sa naissance que par les ti-
« tres dont il est décoré, avantages assurés à
« toute sa postérité, lui font espérer que Sa
« Majesté voudrait bien dans ce cas, et pour
« lui donner un témoignage de sa satisfaction
« et de bienveillance, daigner lui accorder par
« brevet les honneurs du Louvre pour lui et sa
« femme, et les aînés mâles de sa branche et
« de leurs femmes.

« Le duc de Charost s'est chargé de solli-
« citer de la bonté du Roi, cette grace qui re-
« jaillira sur toute la maison de Béthune, et
« en réunira dans son royaume toutes les
« branches qui n'oublieront rien pour lui
« marquer leur respectueuse reconnaissance,
« leur attachement et leur fidélité. »

Nota. *Ce mémoire est écrit en entier de la main de M. le duc de Charost.*

Acte souscrit par le chef de la maison de Béthune, concernant les branches de Béthune-Hesdigneul et de Saint-Venant.

« Nous, Maximilien-Antoine-Armand de

« Béthune, duc de Béthune et de Sully, pair
« de France, premier baron de l'Orléanais,
« baron d'Angillon, de Saint-Gondon, de Coul-
« lons, et de Sennely, vicomte de Breteuil, de
« Francastel et autres lieux, certifions :

« 1° Que les branches des marquis de Bé-
« thune-Hesdigneul, et comte de Béthune-
« Saint-Venant, établis en Artois et dans la
« Flandre autrichienne, sont véritablement
« et incontestablement les branches puînées
« de notre maison, ainsi que les preuves en
« ont été établies par titres originaux et au-
« thentiques.

« 2° Que lesdites branches ont pour auteur
« commun avec les nôtres, Robert, premier de
« Béthune, sire, par la grâce de Dieu, de Bé-
« thune, Carency, Richebourg, et autres gran-
« des terres, sises en Artois; protecteur et
« avoué de Saint-Vaast d'Arras, cinquième fils
« d'Adalelme, dernier des comtes souverains
« de ce pays, mort en 1037.

« 3° Qu'en conséquence lesdites branches
« doivent jouir des honneurs et distinctions
« usités en France, et dont est en possession
« la maison de Béthune, ainsi que toutes celles
« qui peuvent établir une filiation directe et
« non interrompue de mâle en mâle qui les

« font remonter à une origine souveraine, les-
« quels honneurs et distinctions consistent en
« particulier dans les décorations de leurs ar-
« moiries, tel que l'*écu des armes surmonté
« d'une couronne ducale fermée par une toque
« ou espèce de bonnet de velours rouge*, en mé-
« moire et signe représentatif de l'ancienne
« souveraineté.

« Qu'indépendamment de cette marque de
« distinction due à son origine, lesdites bran-
« ches pourraient en conséquence de l'usage
« établi en Flandre, et suivi par de certaines
« maisons dont les branches aînées sont déco-
« rées de titres de grandesse d'Espagne, ou de
« principauté de l'empire, placer leurs écus-
« sons sur un manteau ducal, herminé avec
« les revers du manteau armorié, puisque la
« branche aînée de la maison de Béthune,
« ainsi qu'une autre de cette maison établies
« en France, jouissent toutes les deux de la
« dignité auguste de duc et pair de France, la
« première et la plus éminente de ce royaume.

« En foi de quoi et pour servir aux besoins
« desdites branches de Béthune-Hesdigneul et
« de Béthune-Saint-Venant, nous avons signé
« le présent certificat à titre d'aîné de cette
« maison, fait icelui contresigner par notre

» secrétaire et sceller du cachet de nos armes.
» Fait, à Paris, le treize du mois de février mil sept cent soixante et dix-sept.

» *Signé* Maximilien duc DE BÉTHUNE.
» (*L. S.*)   Par Monseigneur,
» *Contre-signé* MOLLIER. »

« Jean-François-Charles de Boullemont,
» conseiller de Sa Majesté l'Empereur et Roi,
» son secrétaire aulique actuel et official ma-
» jor du département des Pays-Bas, déclare et
» certifie que la présente copie est exactement
» conforme à l'original qui se trouve aux Ar-
» chives de ce département; en témoignage de
» quoi, j'ai signé la présente et j'y ai apposé
la scel secret de Sa Majesté.

» Fait à Vienne, ce douze septembre mil sept cent quatre-vingt-un.

» *Signé* J. DE BOULLEMONT. »

NOTE DE L'AUTEUR.

Nous n'avons rien négligé pour rendre cette généalogie complète et exacte. Aucune recherche ne nous a coûté; nous avons consulté les auteurs les plus dignes de foi. Citer : 1° *André Du Chesne*, célèbre historien du dix-septième siècle ; — 2° l'*abbé de Douay*, chanoine de Béthune et Lens, et savant généalogiste ; — 3° *d'Hosier* ; — 4° M. de *Saint-Allais*, — c'est donner à notre œuvre un cachet ineffaçable d'authenticité. M. de Saint-Allais, entre autres, a terminé l'histoire de la maison de BÉTHUNE-HESDIGNEUL (tome VII° du *Nobiliaire universel de France*), par une déclaration que nous croyons utile de reproduire :

« *Je, généalogiste soussigné, auteur du Nobi-*
« *liaire universel de France, déclare et certifie*
« *avoir dressé la présente généalogie de la maison*
« *de Béthune-Hesdigneul, sur les titres originaux*
« *et documents historiques qui m'ont été fournis.*
« Délivré à Paris, le 20 décembre 1815.

« Signé : DE SAINT-ALLAIS. »

AMÉDÉE BOUDIN.

Imprimerie de FÉLIX LOCQUIN, 16, rue N.-D.-des-Victoires.

www.ingramcontent.com/pod-product-compliance
Lightning Source LLC
LaVergne TN
LVHW051511090426
835512LV00010B/2481